DAS KRITZELBUCH, DAS DEIN LEBEN VERÄNDERT

Meine pelzigen Ateliermitbewohner

DAS KRITZELBUCH, DAS DEIN LEBEN VERÄNDERT

KREATIV AUSTOBEN –
VON
VERRÜCKT
BIS
NACHDENKLICH

Design: Kathie Alexander

Erschienen bei
Quarry Books, einem Mitglied der Quarto Publishing Group USA Inc., 100 Cummings Center, Suite 406-L, Beverly, Massachusetts 01915-6101

www.quarrybooks.com

1. Auflage 2016

ISBN 978-3-7724-8245-8
Best.-Nr. 8245

Übersetzung: Annika Loose
Produktmanagement und Lektorat: Katrin Akyol
Satz: Sabine Kässner

Printed in China

Dieses Buch widme ich
meinen beiden klugen,
lustigen, kreativen Jungs: Sam und Lee.
Sie verändern mein Leben und machen es jeden Tag noch besser!

Willkommen!

Routine ist so ... nun ja ... so bequem!
Wir alle mögen unsere Routine.
Wir mögen Gewohnheiten.
Wir wissen gern, was uns erwartet.
Und das ist alles schön und gut.
Aber darum geht es in diesem Buch nicht.

In diesem Buch geht es um Veränderung.
V-E-R-Ä-N-D-E-R-U-N-G!
Was bedeutet Veränderung?
Veränderung bedeutet Aufregung.
Veränderung bedeutet Überraschung.
Veränderung bedeutet Vorankommen.
Veränderung ist die Spannung, die aus etwas Neuem entsteht.
DARUM geht es in diesem Buch.
Es geht darum, sein Leben mithilfe einer Kritzelei zu verändern, und zwar eine Kritzelei nach der anderen.

Warum immer nur eine Kritzelei, fragst du dich?

Veränderung kann einschüchternd sein! Und genau da kommtdieses praktische Büchlein ins Spiel. Denn in Wahrheit kann Veränderung etwas unglaublich TOLLES sein!

In diesem Buch geht es darum, Veränderungen zu feiern und anzunehmen, und darum, wie auch jede noch so alberne, minimale Veränderung einen großen Unterschied ausmachen kann.

Wenn du zum Beispiel deine Lippenstiftfarbe änderst, dann bringt dich das zum Lächeln und du fühlst dich etwas glamouröser. Und wenn wir lächeln, führt das zu etwas Gutem!

Dein Lächeln macht andere glücklich, sodass auch sie lächeln, und so weiter.

Wir können natürlich nicht alles ändern, aber wir können immer etwas ändern, auch wenn es mit jedem Mal nur etwas Kleines ist – mit jedem Mal nur eine Kritzelei. Dieses Buch soll Spaß an Veränderung bringen und dir neue Ideen aufzeigen, kleine und große. Es wird dich inspirieren, über alle möglichen Arten von Veränderung nachzudenken. Nutze dieses Buch, um Listen zu schreiben, deine Gedanken festzuhalten, zeichnen zu üben und deine Ideen auszuprobieren. Kritzele, zeichne und gestalte dir deinen ganz eigenen Weg durch die Seiten und du wirst am Ende des Buches ein anderer Mensch sein.

Fang an! Zeichne, kritzele und entdecke die Überraschungen, die vor dir liegen!

Viel Spaß!

Hier kommt ein kleines Warm-up!

Zeichne und kritzele deinen Namen in vielen verschiedenen Stilen. Versuche es mit bauchigen Buchstaben, schmückenden Initialen und räumlich gezeichneten Buchstaben. Sei kreativ und verändere deinen Schreibstil.

ÄNDERE DEINE STIMMUNG

Wie fühlst du dich gerade?

Zeichne etwas, das dich glücklich macht.

Nenne ein paar Methoden, mit denen man auf positive Weise Dampf ablassen kann.

ÄNDERE DEINE FARBE

Beschreibe die Farbe deines Zimmers.

Welche Farbe macht dich glücklich?
Welche macht dich müde?
Welche gibt dir Energie?

Zeichne Dinge aus der Natur, die deine Lieblingsfarbe haben.

„MUSIK
KANN DIE WELT
VERÄNDERN,
DENN SIE KANN
MENSCHEN
VERÄNDERN."

BONO

Zeichne ein Porträt deines Lieblingsmusikers.

Entwirf ein Muster aus Musikinstrumenten.

Leg einen deiner Lieblingssongs auf
und zeichne einfach drauf los!

ÄNDERE DEINE SPORTART

Welche Sportart betreibst du gerade?

Zeichne ein bestimmtes Kleidungsstück oder ein Accessoire, das du beim Sport trägst oder brauchst.

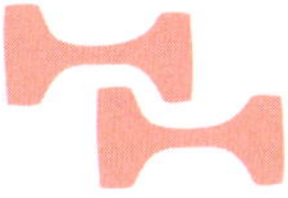

Welche Sportarten interessieren dich noch?
Versuche, sie zu zeichnen.

VERÄNDERUNG
LIEGT IN DER
LUFT

Beschreibe, wie du dich fühlst,
wenn eine Veränderung kurz bevorsteht.

Zeichne ein Muster aus Windböen
und Wirbeln.

Zeichne ein Lebewesen, das Wetterumschwünge
wahrnimmt.

„WENN WIR EINE SITUATION NICHT ÄNDERN KÖNNEN, MÜSSEN WIR UNS SELBST ÄNDERN."

VIKTOR E. FRANKL

Nenne eine Sache, die zu verändern dir besonders schwer fällt!

Versuche, ein Fahrrad zu zeichnen.
Das ist gar nicht so schwer, wie du vielleicht denkst!

Zeichne dein Lieblingswetter.
Denn das gehört zu den Dingen,
die wir nicht kontrollieren können!

ÄNDERE DEINEN WEG ZUR ARBEIT

Was siehst du auf deinem Weg zur Arbeit?

Zeichne ein paar Dinge, die du gern sehen würdest.

Plane einen anderen Weg,
auf dem du etwas Neues siehst.

ALLES
ÄNDERT
SICH

Schau dich um und beschreibe,
wie eine Sache eine andere verändert.

Kälte verwandelt Wasser in Schnee.
Zeichne Schneeflocken, die durcheinanderwirbeln!

Verziere und illustriere den Namen einer Person,
die dich in positiver Weise beeinflusst hat.

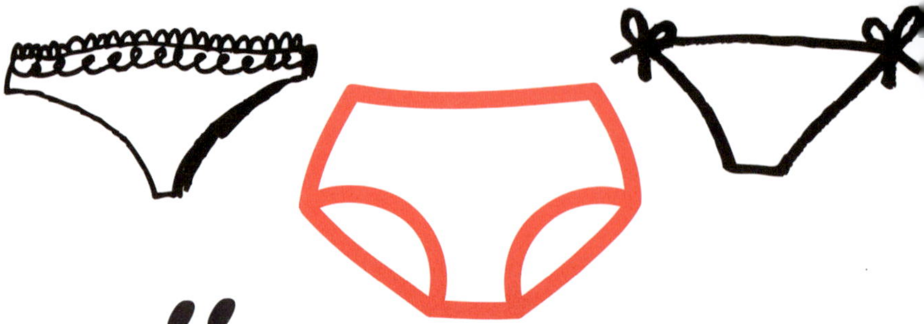

ÄNDERE DEINE UNTER-WÄSCHE

Fühlst du dich unattraktiv?
Zieh deine beste Unterwäsche an und zeichne sie!

Zeichne ein cooles Muster für deine Unterwäsche.

Entwirf deine absolute Traumunterwäsche.

ÄNDERE DEINE PLAYLIST

Schreib ein paar Zeilen aus deinen Lieblingssongs auf.

Zeichne einige Musikinstrumente.
Banjos zu zeichnen ist echt lustig!

Schreib eine Liste mit ein paar neuen Musikstilen für deine Playlist.

ÄNDERE DEINE ERNÄHRUNG

Wie würde das in deinen Augen
perfekte Menü aussehen?

Zeichne Nahrungsmittel, die du noch nie probiert hast.

Zeichne die Nahrungsmittel,
die dir Energie geben.

„WENN DIR ETWAS NICHT GEFÄLLT, ÄNDERE ES. WENN DU ES NICHT ÄNDERN KANNST, ÄNDERE DEINE **EINSTELLUNG**."

Maya Angelou

Illustriere und verziere
einen positiven Satz.

Entwirf ein Muster aus Dingen,
die dich zum Lachen bringen!

Zeichne ein paar Wolken.

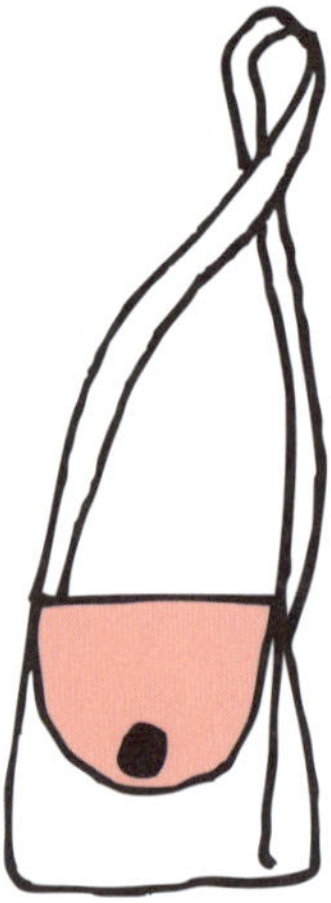

DEIN

KLEINGELD

KANN DAS
LEBEN EINES ANDEREN
VERÄNDERN

Zeichne die Orte oder die Behältnisse,
wo du dein Kleingeld reinlegst.

Zeichne ein hübsches Portemonnaie für Kleingeld.

Zeichne das Label für eine Wohltätigkeitsorganisation,
der du gern dein Kleingeld spenden würdest.

ÄNDERE DEIN VERKEHRSMITTEL

Wie bist du derzeit unterwegs?

Zeichne das Verkehrsmittel,
mit dem du am liebsten fährst.

Entwirf ein Muster aus Zahnrädern und Rädern.

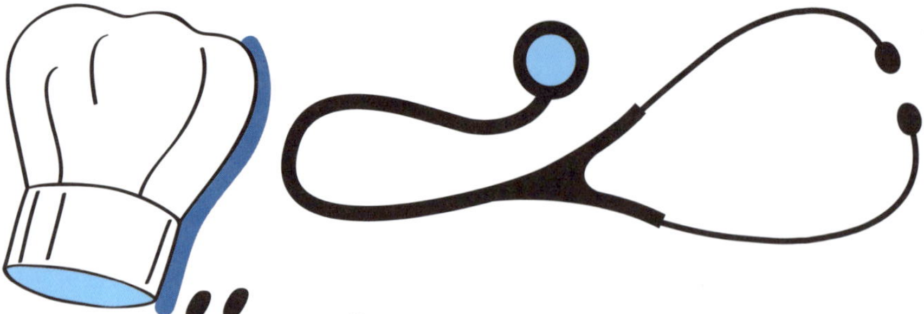

ÄNDERE DEINEN JOB

Zeichne, wie du dich fühlst, wenn du arbeitest.

Zeichne ein paar Dinge, die zu deinem
Arbeitsplatz gehören.

Schreibe drei andere Jobs auf, die dich interessieren.

MANCHMAL

BRAUCHST DU EINFACH

NUR DEINE

SOCKEN

ZU WECHSELN

Zeichne dein liebstes Paar Socken.

Entwirf ein cooles Muster für deine Socken.

Entwirf ein Muster aus allen Arten
von Socken und Strümpfen!

„MAN SAGT, DASS DIE **ZEITEN** DIE DINGE **ÄNDERN**, ABER IN WIRKLICHKEIT MUSS MAN SIE SELBST **ÄNDERN**."

ANDY WARHOL

Zeichne etwas, das du in letzter Zeit geträumt hast.

Klebe zwei Stifte aneinander und zeichne etwas!

Zeichne im Dunkeln.

ÄNDERE DEINEN BLICKWINKEL

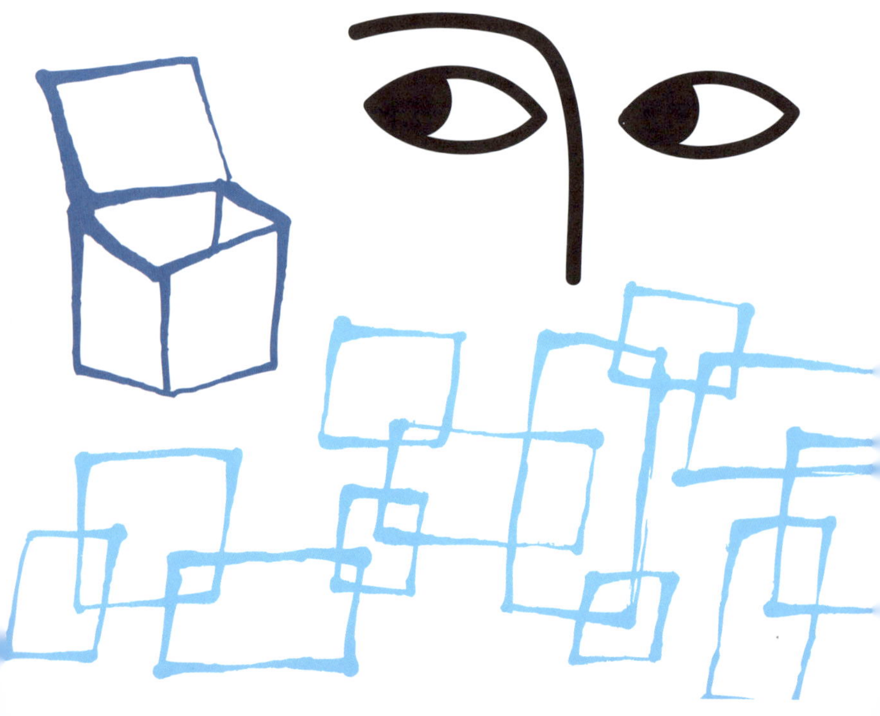

Bist du flexibel und
offen für neue Ideen?

Zeichne eine Kiste aus drei verschiedenen Blickwinkeln.

Schau dir die Kritzelei unten an. Was siehst du?
Zeichne sie weiter und erschaffe etwas Neues.

WECHSELE
DEINE
GLÜHBIRNEN

Zeichne Dinge, die dein Leben erleuchten,
oder schreib über sie.

Zeichne Dinge, die deinen Tag erhellen.

Welche genialen Einfälle hattest
du in letzter Zeit?

ÄNDERE DEINE FRISUR

Zeichne deine Frisuren
der letzten Jahre.

Zeichne dich selbst mit der Frisur
deines Lieblingspromis.

Entwirf ein Muster aus Haaraccessoires,
zum Beispiel aus Bürsten,
Spangen und Kämmen.

„INTELLIGENZ IST DIE FÄHIGKEIT, SICH DEM WANDEL ANZUPASSEN."

STEPHEN HAWKING

Zeichne den Umriss deines Kopfes und
fülle ihn mit den Dingen, an die du immer denkst.

Zeichne verschiedene Sprechblasen und
fülle sie mit weisen Worten.

Welche Bücher hast du gelesen,
die deine Sichtweise verändert haben?

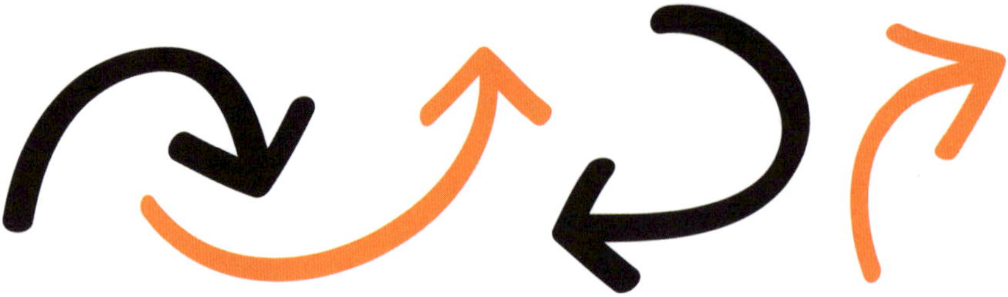

ÄNDERE DEINE ROUTINE

Zeichne drei Dinge, die zu deiner morgendlichen Routine gehören.

Wie kannst du deinen Tagesablauf mit wenig Aufwand umgestalten?

Zeichne etwas, das du normalerweise zum Frühstück isst, aber vielleicht lieber am Abend essen würdest.

VERÄNDERUNG

IST

UNAUSWEICHLICH

Zeichne eine Veränderung, auf die du keinen Einfluss hast, oder schreib über sie.

Was wirst du dieses Jahr verändern?

Gewöhne dich an „Veränderung",
indem du das Wort auf drei verschiedene Arten
gestalterisch zu Papier bringst.

HAT EIN

KUSS

DEIN

LEBEN

VERÄNDERT?

Ja? Zeichne ihn bitte genau auf!

Kritzele ein paar aufregende Küsse oder Kussmünder.

Stelle das Wort „Kuss" mit Verzierungen
und Illustrationen dar.

DER WANDEL DER JAHRESZEITEN

Zeichne ein paar besondere Dinge
aus der aktuellen Jahreszeit.

Welche Jahreszeit ist dir die liebste?

Entwirf ein lustiges Jahreszeitenmuster!

ÄNDERE
DEINEN
SENDER

Zeichne eine Szene aus deinem Lieblingsfilm oder deiner Lieblingsshow.

Zeichne ein paar deiner Lieblingsschauspieler oder Lieblingsschauspielerinnen.

Überlege dir einen eigenen Sender, den du schauen möchtest.

„DEIN LEBEN VERBESSERT SICH NICHT DURCH

GLÜCK,

ES VERBESSERT SICH DURCH

VERÄNDERUNG."

JIM ROHN

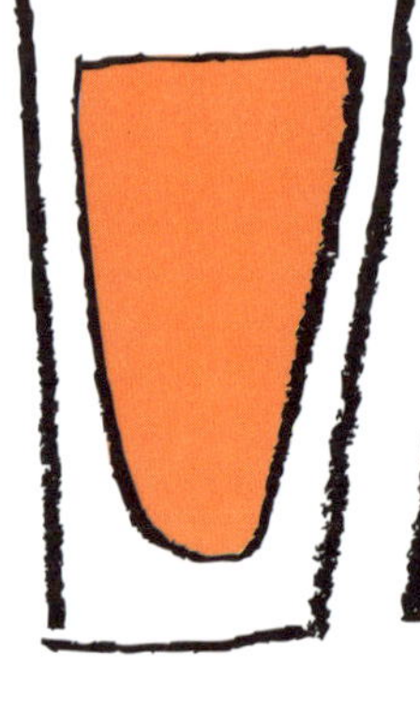

Schreibe drei Dinge auf,
die du diese Woche ändern willst.

Beginne damit, morgens etwas anderes
zu trinken, und zeichne es.

Lächele mehr und erlebe,
wie das Dinge verändern kann.

WECHSELE DEINE BETTWÄSCHE

Entwirf ein cooles Design
für deine Bettwäsche.

Zeichne ein paar Federn für dein Kissen.

Zeichne drei Dinge,
die dich entspannen.

ÄNDERE DEINEN WORTSCHATZ

Welche Wörter benutzt
du besonders oft?

Lerne jeden Tag ein neues Wort und illustriere es!

Hast du ein Lieblingswort? Zeichne es.

TAUSCHE DEINE HANDYHÜLLE

Verziere und illustriere ein Wort oder einen Satz,
der deine Handyhülle jeden Tag
zu einer Inspiration macht.

Entwirf ein eigenes Design für deine Handyhülle.

Entwirf ein Symbol oder Bild für deine Handyhülle,
das gut zu deiner Persönlichkeit passt.

TAPETEN-WECHSEL

Schau aus dem Fenster und zeichne etwas, was du siehst.

Zeichne ein paar Dinge,
die dich an einen schönen Ort erinnern,
an dem du schon einmal warst.

Zeichne die Skyline einer Stadt,
einen Park und eine Bank.

VERÄNDERUNG

BEDEUTET

ABENTEUER

Was ist das Abenteuerlichste, das du je getan hast?

Zeichne einen Ort, an den du unbedingt reisen willst.

Verziere und illustriere
das Wort „Abenteuer“ und gestalte
jeden Buchstaben in einem anderen Stil.

„WENN SICH NIE ETWAS **ÄNDERN** WÜRDE, GÄBE ES KEINE SCHMETTERLINGE."

AUTOR UNBEKANNT

Zeichne ein paar lustige, schnörkelige Raupen.

Entwirf ein Muster aus Flügeln.

Zeichne die vier Entwicklungsstadien eines Schmetterlings: Ei, Raupe, Kokon und Schmetterling!

„NICHTS
IST SO BESTÄNDIG WIE DER
WANDEL."

HERAKLIT

Zeichne die einzelnen Stadien
des Wachstums einer Pflanze.

Zeichne den Boden des Ozeans,
so wie du ihn dir vorstellst.

Versuche, genau dasselbe dreimal zu zeichnen,
und schau dir an, wie es sich verändert.

ÄNDERE

DEINE

SCHUHE

Entwirf den perfekten Schuh!

Zeichne deine Lieblingsschuhe.

In welchen Schuhen fühlen sich deine Füße am wohlsten?

ÄNDERE DEIN SCHREIBZEUG

Zeichne all die Stifte, Bleistifte
und Kulis, die du zum Kritzeln benutzt.

Versuche, eine Feder und ein Tintenfass zu zeichnen.

Entwirf ein lustiges Muster aus Pinseln.

„WENN MAN DIE **RICHTUNG** NICHT **WECHSELT**, KOMMT MAN WOMÖGLICH DORT AN, WO MAN HIN MÖCHTE."

LAO-TSE

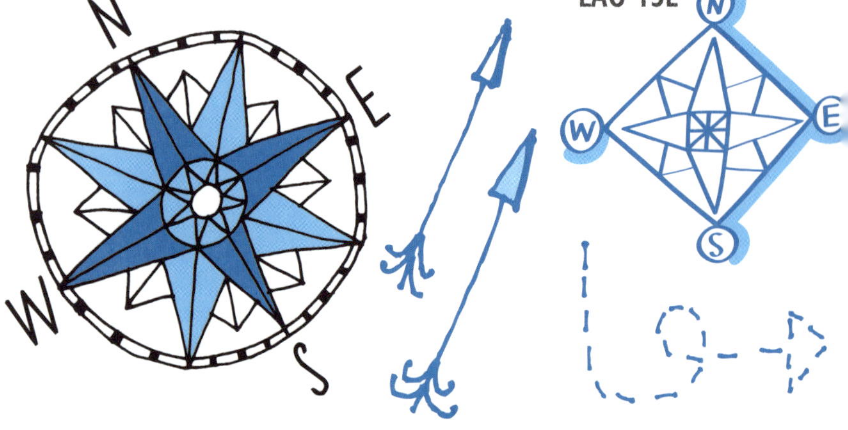

Hast du das Gefühl, du bewegst dich
in die richtige Richtung?

Zeichne ein Muster aus hübschen Pfeilen.

Zeichne einen Kompass in deinem Stil.

ÄNDERE DEINE HOBBYS

Was ist deine Lieblingsbeschäftigung?

Entwirf ein Muster, in dem deine Hobbys aufgegriffen werden.

Zeichne neue Dinge, du ausprobieren möchtest, wie zum Beispiel Stricken oder Gärtnern!

ÄNDERN

UND SICH

ÄNDERN LASSEN

Beschreibe ein Ereignis, das
dein Leben zum Guten
verändert hat.

Zeichne drei Stadien einer Veränderung.

Entwirf ein Muster aus Schmetterlingen!

„SEI DU SELBST DIE **VERÄNDERUNG**, DIE DU DIR WÜNSCHST FÜR DIESE **WELT**."

MAHATMA GANDHI

Schreib drei Möglichkeiten auf,
mit denen du heute Dinge zum
Positiven verändern kannst.

Illustriere das Wort „Lächeln".

Zeichne ein Muster aus Dingen,
die dich glücklich machen.

HERZENS-ANGELEGENHEITEN

Zeichne ein glückliches Herz!

Was ist dein Herzenswunsch?

Entwirf ein süßes Herzmuster.

ÄNDERE DEINEN RHYTHMUS

Bist du immer in Eile oder nimmst
du dir Zeit zu genießen?

Zeichne ein Muster aus Uhren.

Verziere und illustriere das Wort „Atmen",
das dich daran erinnern soll, zu entspannen.

ÄNDERE DEINEN STIL

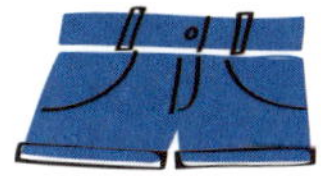

Wie würdest du deinen
Stil beschreiben?

Zeichne dein liebstes Kleidungsstück.

Entwirf das perfekte Outfit!

ÄNDERE
DEINE PLÄNE FÜRS
WOCHENENDE

Beschreibe, wie es war,
als du das letzte Mal etwas Spontanes
am Wochenende gemacht hast.

Zeichne einige der Dinge, die dir am
Wochenende die Zeit stehlen.

Wie sieht für dich das perfekte Wochenende aus?

„WENN DU DEINE
SICHT
AUF DIE DINGE
ÄNDERST,
ÄNDERN
SICH DIE DINGE,
DIE DU SIEHST."

WAYNE DYER

Kannst du deine Augen zeichnen?

Entwirf ein lustiges Muster aus Brillen.

Zeichne eine skurrile Form und versuche anschließend,
sie andersherum noch einmal zu zeichnen.

NIMM EINEN ANDEREN LIPPENSTIFT

Zeichne deine Lippenstifte.

Trägst du normalerweise warme oder kalte Farbtöne?
Ändere das, um deine Stimmung zu ändern.

Kreiere deinen eigenen Farbton
und gib ihm einen tollen Namen.

ÄNDERE DEINE HALTUNG

Beschreibe, wie deine Haltung jetzt aussieht.

Zeichne dich selbst mit einer perfekten Haltung.

Zeichne eine Yogastellung.

ÄNDERE DEINEN STUHL

Zeichne die drei Stühle, auf denen du die meiste Zeit sitzt.

Entwirf den perfekten Stuhl.

Kreiere ein Stoffmuster für einen großen, bequemen Sessel.

WER SICH NICHT

VERÄNDERT,

VERPASST WAS

Beschreibe ein Ereignis, das noch nicht lange her ist
und das dich glücklich gemacht hat.

Zeichne etwas aus deiner Umgebung,
das sich gerade verändert.

Schreib eine Veränderung auf, die du bewirkt hast
und die zu einem überraschenden Ergebnis geführt hat.

„ZWEIFLE
NIE DARAN, DASS EINE
HANDVOLL ENGAGIERTER
MENSCHEN DIE WELT
VERÄNDERN
KANN.
DENN TATSÄCHLICH WAR
ES BIS JETZT IMMER SO.“

MARGARET MEAD

Welcher Mensch hat in deinem Leben für
Veränderung gesorgt?
Kannst du diesen Menschen zeichnen?

Zeichne eine historische Persönlichkeit,
die Veränderung bewirkt hat,
oder zeichne die Veränderung selbst.

Wie hast du selbst das Leben eines
anderen Menschen verändert?

GESTALTE DEIN EIGENES LIEBLINGSZITAT ZUM THEMA

VERÄNDERUNG

Schreib ein eigenes Zitat oder finde eins, das dir etwas bedeutet.

Gestalte dieses Zitat, indem du verschiedene Buchstabenformen und -stile verwendest und sie mit deiner eigenen Handschrift kombinierst.

Füge dekorative Elemente und Kritzeleien hinzu.

Mach eine Kopie davon und pinn sie an die Wand!

Über die Künstlerin

Salli S. Swindell lebt mit ihrem Mann und ihren fünf (ja, fünf!) Katzen in Hudson, Ohio. Ihr Atelier ist genau zehn Schritte von der Küche entfernt, was den Weg zur Arbeit sehr entspannt macht! Als ihre Söhne noch zuhause wohnten, wurde in ihrem Atelier nach der Schule unentwegt geschwatzt, und das vermisst sie heute sehr.

Salli und ihr Bruder, Nate Padavick, arbeiten gemeinsam als Design- und Illustrationsteam unter dem Namen Studio SSS. Gemeinsam haben sie tausende Grußkarten, Muster, Karten und Illustrationen für Zeitschriften entworfen. Kürzlich arbeiteten sie zusammen an *20 Ways to Draw a Star and 44 Other Far-Out Wonders from the Sky and Galayxy*, erschienen bei Quarry Books. Zudem gründeten sie *They Draw & Cook* und *They Draw & Travel*, die größte Onlinesammlung von illustrierten Rezepten und Karten von Künstlern aus der ganzen Welt (inklusive einer großen Sammlung ihrer eigenen Rezepte und Karten). Wenn Salli nicht gerade in ihrem bunten, gemütlichen Atelier arbeitet, wandert sie gern entlang eines der wundervollen Wanderwege im Cleveland's Emerald Necklace.

Die Idee für dieses Buch, *Das Kritzelbuch, das dein Leben verändert,* hatte sie auf einer ihrer langen Wandertouren. Das Konzept wurde auf jeder einzelnen Wanderung weiterentwickelt. Salli gibt zu, dass sie Veränderungen gegenüber nicht immer wohlgesonnen war. Dieses Buch half ihr auf ihrem Weg, Veränderungen gegenüber offener zu sein, sie anzunehmen und leichter umzusetzen. Obendrein verbesserte sie mit diesem Projekt auch noch ihre Zeichenfertigkeiten, und es brachte sie dazu, Dinge zu zeichnen, die sie sonst nie gezeichnet hätte, wie zum Beispiel das Taj Mahal und eine Djembé-Trommel!